BEI GRIN MACHT SICH IHR WISSEN BEZAHLT

AF149023

- Wir veröffentlichen Ihre Hausarbeit,
  Bachelor- und Masterarbeit

- Ihr eigenes eBook und Buch -
  weltweit in allen wichtigen Shops

- Verdienen Sie an jedem Verkauf

Jetzt bei www.GRIN.com hochladen
und kostenlos publizieren

Volker Ahmad Qasir

Motivationsförderung in Schule und Unterricht

GRIN Verlag

Bibliografische Information der Deutschen Nationalbibliothek:

Die Deutsche Bibliothek verzeichnet diese Publikation in der Deutschen National-
bibliografie; detaillierte bibliografische Daten sind im Internet über http://dnb.d-
nb.de/ abrufbar.

Impressum:

Copyright © 2011 GRIN Verlag GmbH
Druck und Bindung: Books on Demand GmbH, Norderstedt Germany
ISBN: 978-3-656-47989-5

Dieses Buch bei GRIN:

http://www.grin.com/de/e-book/231214/motivationsfoerderung-in-schule-und-
unterricht

GRIN - Your knowledge has value

Der GRIN Verlag publiziert seit 1998 wissenschaftliche Arbeiten von Studenten, Hochschullehrern und anderen Akademikern als eBook und gedrucktes Buch. Die Verlagswebsite www.grin.com ist die ideale Plattform zur Veröffentlichung von Hausarbeiten, Abschlussarbeiten, wissenschaftlichen Aufsätzen, Dissertationen und Fachbüchern.

Besuchen Sie uns im Internet:

http://www.grin.com/

http://www.facebook.com/grincom

http://www.twitter.com/grin_com

Portfolio: Motivationsförderung in Schule und Unterricht

von Ahmad Qasir, Volker

(WS 2010/11)

Inhaltsverzeichnis

1. Die Selbstbestimmungstheorie der Motivation

Die Selbstbestimmungstheorie der Motivation (Self-Determinaton Theory) wurde von Edward L. Deci und Richard M. Ryan an der Universität von Rochester, USA, entwickelt. Wie der Name schon sagt, steht der Begriff des Selbst im Mittelpunkt der Theorie, insbesondere hinsichtlich des Ausmaßes, in dem der Mensch selbstbestimmt und frei über seine Handlungen entscheiden kann. Die Theorie besagt, dass der Mensch von Natur aus nach der Weiterentwicklung seines Selbst strebt. Die hierfür erforderliche Energie liefern bestimmte *„(intrinsische) motivationale Faktoren"*.[1] Gleichzeitig verspürt der Mensch jedoch auch das Bedürfnis, sich in seine Umwelt zu integrieren. Deci und Ryan haben drei dem Menschen angeborene psychologische Grundbedürfnisse definiert, die für intrinsische und extrinsische Motivation gleichermaßen relevant sind. Diese sind das Bedürfnis nach Autonomie und Selbstbestimmung, das Bedürfnis nach Kompetenz und das Bedürfnis nach sozialer Eingebundenheit.[2]

1.1 Intrinsische und Extrinsische Motivation

Im Allgemeinen versteht man unter Motivation den Wunsch oder die Absicht, bestimmte Inhalte, Fertigkeiten oder Aufgaben zu erlernen bzw. auszuführen.[3] Über die der Motivation zugrundeliegenden Impulse sagt diese Definition jedoch nichts aus. Aus diesem Grund wird insbesondere in der Pädagogischen Psychologie weiter zwischen intrinsischer und extrinsischer Motivation unterschieden.

Intrinsische Motivation wird dahingehend definiert als Wunsch oder Absicht, eine bestimmte Handlung, Aufgabe oder Fertigkeit alleine deshalb auszuführen oder zu erlernen, weil die Handlung, Aufgabe oder Fertigkeit *selbst* als interessant, spannend oder herausfordernd erscheint. Die Handlung wird also *„um ihrer selbst willen durchgeführt."*[4]

Das Gegenstück hierzu bildet die **Extrinsische Motivation**. Eine extrinsisch motivierte Person führt eine Handlung deshalb aus, *„um damit positive Folgen herbeizuführen oder negative Folgen zu vermeiden."* Bei dieser Definition ist wichtig zu beachten, dass die Folgen

---

[1] Vgl. Deci, E. L., Ryan, R. M., Die Selbstbestimmungstheorie der Motivation, in: Zeitschrift für Pädagogik, 39. Jg., 1993, Ausgabe Nr. 2, S. 223
[2] Vgl. Deci, E. L., Ryan, R. M., Die Selbstbestimmungstheorie der Motivation, in: Zeitschrift für Pädagogik, 39. Jg., 1993, Ausgabe Nr. 2, S. 229
[3] Schiefele, U., Köller, O., Intrinsische und extrinsische Motivation, Weinheim, 2001, S. 304
[4] Schiefele, U., Köller, O., Intrinsische und extrinsische Motivation, Weinheim, 2001, S. 304

außerhalb der eigentlichen Handlung liegen und eigentlich in keinem natürlichen oder direkten Verhältnis zu ihr stehen. [5]

1.2 Die Internalisierung von Handlungszielen und Verhaltensnormen

Die Selbstbestimmungstheorie unterscheidet Motivationsformen nicht nach Stärke der Motivation, sondern nach dem Grad ihrer Qualität. Je selbstbestimmter eine Handlung, Aufgabe oder Fertigkeit ist, desto größer und qualitativ hochwertiger ist die Motivation des Menschen, diese auszuführen oder zu erlernen. Durch das Bedürfnis des Menschen, sein Selbstkonzept in seine Umwelt zu integrieren, kann es bisweilen geschehen, dass extrinsisch motivierte Verhaltensweisen in die *internalen Regulationsprozesse* übernommen werden (Internalisierung). Weiter können diese internalisierten Werte und Regulationsprinzipien in die Entwicklung des Selbst integriert werden, sodass aus einer ehemals extrinsisch motivierten Handlung durch den Internalisierungs- und Integrationsprozess eine intrinsisch motivierte, also selbstbestimmte Handlung entsteht: *„Wir sind der Auffassung, daß der Mensch die natürliche Tendenz hat, Regulationsmechanismen der sozialen Umwelt zu internalisieren, um sich mit anderen Personen verbunden zu fühlen und Mitglied der sozialen Umwelt zu werden. Durch die Integration dieser sozial vermittelten Verhaltensweisen in das individuelle Selbst schafft die Person zugleich die Möglichkeit, das eigene Handeln als selbstbestimmt zu erfahren. Im Bemühen, sich mit anderen Personen verbunden zu fühlen und gleichzeitig die eigenen Handlungen autonom zu bestimmen, übernimmt und integriert die Person also Ziele und Verhaltensnormen in das eigene Selbstkonzept. "[6]*

Auf dem Weg von der externen zur integrierten Verhaltensregulation definieren Deci und Ryan vier Stufen extrinsischer Motivation, während die erste Stufe zumeist als Vorstufe des Integrationsprozesses angesehen wird.

- **Vorstufe: externe Regulation**

  Eine Handlung, die aufgrund externer Regulation zustande kommt ist im klassischen Sinne extrinsisch motiviert und wird ausgeführt, um eine externale Belohnung zu erhalten oder um einer angedrohten Strafe zu entgehen. Der Grad der Selbstbestimmtheit ist gleich null.

---

[5] Vgl. Schiefele, U., Köller, O., Intrinsische und extrinsische Motivation, Weinheim, 2001, S. 305
[6] Deci, E. L., Ryan, R. M., Die Selbstbestimmungstheorie der Motivation, in: Zeitschrift für Pädagogik, 39. Jg., 1993, Ausgabe Nr. 2, S. 227

- **1. Stufe: introjizierte Regulation**

  Auf dieser Stufe hat die Person bereits externale Handlungsziele übernommen und internalisiert, ohne sich jedoch mit ihnen zu identifizieren. Hierzu zählt beispielsweise ein Handeln aufgrund sozialer Erwünschtheit oder um ein schlechtes Gewissen zu vermeiden.

- **2. Stufe: identifizierte Regulation**

  Die Person hat die ehemals externalen Handlungsziele als ihre eigenen akzeptiert, sodass die Handlungen nun durchgeführt werden, weil sie die damit verfolgten Ziele als wichtig erachtet. An den Handlungen selbst hat die Person jedoch keine Freude.

- **3. Stufe: integrierte Regulation**

  Unter der integrierten Regulation versteht man die qualitativ hochwertigste Stufe extrinsischen Handelns. Diese liegt vor, wenn sich die Person mit der Handlung identifiziert und sie in Übereinstimmung mit anderen Handlungen in ihr Selbstkonzept integriert hat. Die Selbstbestimmtheit ist ähnlich hoch wie bei intrinsisch motiviertem Verhalten. Der einzige Unterschied zur intrinsischen Motivation liegt darin, dass intrinsisch motiviertes Handeln autotelischer Natur ist, also die Handlung keinen weiteren Zweck verfolgt, als sich selbst, während integriertes extrinsisches Verhalten zwar selbstbestimmt und als subjektiv hoch angesehen wird, weiterhin jedoch instrumenteller Natur ist.[7,8]

1.3 Bedeutung der Selbstbestimmungstheorie für die Pädagogik

Eine Person, die sich als selbstbestimmt und kompetent erlebt ist intrinsisch motiviert. Entsprechend der Internalisierung von Handlungszielen und Verhaltensnormen fördert das soziale Umfeld das Auftreten von intrinsischer Motivation dort, wo es die Bedürfnisse nach Autonomie und Kompetenzerleben fördert.

Eine Reihe von Studien und Laborexperimenten hat in diesem Zusammenhang gezeigt, dass bestimmte Maßnahmen von Außen als Druck wahrgenommen werden, die die intrinsische Motivation untergraben und zerstören. Hierzu zählen Strafandrohung, Termindruck,

---

[7] Vgl. Schiefele, U., Köller, O., Intrinsische und extrinsische Motivation, Weinheim, 2001, S. 309
[8] Vgl. Deci, E. L., Ryan, R. M., Die Selbstbestimmungstheorie der Motivation, in: Zeitschrift für Pädagogik, 39. Jg., 1993, Ausgabe Nr. 2, S. 227-228

Bewertungen, materielle Belohnung und besondere Auszeichnungen, sowie negatives Feedback, insbesondere dann, wenn dies in einem kontrollierenden Kontext stattfindet. Hingegen werden Wahlmöglichkeiten und anerkennende Gefühlsäußerungen ebenso wie ein optimales Anforderungsniveau und positives Feedback als autonomiefördernd wahrgenommen und begünstigen die intrinsische Motivation der Lernenden.[9]

Für die Pädagogik sind zahlreiche Erkenntnisse aus der Selbstbestimmungstheorie der Motivation abzuleiten. Zum einen sollten derartige Kontrollmechanismen und Maßnahmen, die die intrinsische Motivation von Lernenden zerstören können möglichst ausgeschaltet werden, zum anderen sollten Maßnahmen, die intrinsische Motivation steigern können entsprechend gefördert werden. Hierbei sollten die genannten Grundbedürfnisse eines jeden Menschen nach Selbstbestimmtheit und Kompetenz gefördert werden, indem das soziale Umfeld pädagogisch wertvoll gestaltet wird, sodass sich dieses zusätzlich autonomie- und kompetenzfördernd auf den Lernenden auswirkt. Je mehr ein Handlungsziel also zur Entwicklung des Selbst beiträgt, desto höher ist die Motivation, diese Handlung auszuführen.[10] Zusammenfassend kann man also sagen, dass selbstbestimmtem Lernen eine hohe Motivation zugrunde liegt, was neben einer besseren Entwicklung der eigenen Persönlichkeit auch zu einer höheren Lernqualität mit entsprechendem Lernerfolg führt.

---

[9] Vgl. Deci, E. L., Ryan, R. M., Die Selbstbestimmungstheorie der Motivation, in: Zeitschrift für Pädagogik, 39. Jg., 1993, Ausgabe Nr. 2, S. 230-231
[10] Vgl. Deci, E. L., Ryan, R. M., Die Selbstbestimmungstheorie der Motivation, in: Zeitschrift für Pädagogik, 39. Jg., 1993, Ausgabe Nr. 2, S. 236

2. Jugendliche zwischen Schule und Freizeit: Gesellschaftlicher Wertewandel und Lernmotivation

Wir befinden uns heute in einer Zeit des Wertewandels, insbesondere in den westlichen nachindustriellen Gesellschaften. Für heranwachsende Jugendliche, die sich zunehmend neue Räume, Bezugsgruppen, sowie Erfahrungen und Erlebnismöglichkeiten erschließen bedeutet dies, den steigenden Anforderungen an Kenntnisse und Fertigkeiten in unserer Wissensgesellschaft gerecht zu werden. Durch die Globalisierung wird dieses noch verschärft, denn Konkurrenzdruck und Arbeitsplatzverknappung unterteilt auch die Jugendlichen einer Gesellschaft in Gewinner und Verlierer, was zusätzliche Unsicherheit schafft und zu Verzögerungen beim Übergang in den Erwachsenenstatus, bei der Aufnahme stabiler Beziehungen und bei der Familiengründung führt. Durch den allgemein gestiegenen Wohlstand hat sich zudem der Lebensstandard aller Schichten deutlich erhöht. So sind sowohl zeitliche Ressourcen als auch die notwendigen monetären Mittel zur Gestaltung dieser Zeit gestiegen, sodass die Freizeit im Leben des Einzelnen einen festen Platz in Form eines eigenständigen und bedeutenden Bereichs eingenommen hat.[11]

2.1 Die Theorie motivationaler Handlungskonflikte

Die gegensätzlichen Aktivitäten von notwendigem Wissenserwerb einerseits und dem Bedürfnis nach Freizeitgestaltung andererseits treten somit stärker als noch zuvor in Konkurrenz zueinander. Während die Belohnung für schulische Anstrengungen meist in der Zukunft liegt und deshalb weniger greifbar erscheint, bietet die Aktivität der Freizeitgestaltung eine sofortige Wohlbefindenssteigerung. Trotzdem sind beide Werte grundsätzlich gleich stark ausgeprägt und wollen realisiert werden. Dabei ist festzustellen, dass Leistungswerte eher im schulischen Bereich, Wohlbefindenswerte eher im Freizeitkontext anzutreffen sind. Dieser Konfliktzustand, der durch in sich widersprüchliche Ziele entsteht, bleibt auch nach der Entscheidung zu Gunsten, oder Ungunsten einer Tätigkeit bestehen, da die nicht gewählte Tätigkeit ihre hohen Anreize behält und die gewählte Tätigkeit in deren Ausführung störend beeinflusst. Die Folgen können sein: *„gedankliche Ablenkbakeit", „negative Stimmung", „geringe Ausdauer", „Springen von einer Tätigkeit zur anderen" sowie eine „verringerte Verarbeitungstiefe"*, wodurch entweder die investierte Lernzeit und der Erfolg der Lernergebnisse beeinträchtigt werden oder aber die Freude an der

---

[11] Vgl. Hofer, M., Fries, St., Jugendliche zwischen Schule und Freizeit, Stuttgart, 2005, S. 151-152

freizeitlichen Aktivität durch ein schlechtes Gewissen gemindert wird. [12] Nur in seltenen Fällen kann es geschehen, dass sich nebeneinander erfolgende Tätigkeiten aus den unterschiedlichen Bereichen gegenseitig befruchten. Die Fähigkeit Schule und Freizeit produktiv miteinander zu verbinden, entsprechende Handlungen planen zu können und diese in eine Reihenfolge zu bringen, wird in Bezug auf die Heranwachsenden der hiesigen postindustriellen und komplexen Gesellschaften immer mehr in den Vordergrund treten und zu einer Schlüsselqualifikation werden. Volitionale Kompetenzen helfen hier bei der Bildung, Aufrechterhaltung und Realisierung von Handlungsabsichten. Die Routinisierung von Tätigkeiten könnte ebenfalls von entscheidender Bedeutung sein, da diese *die Konkurrenz von Alternativen minimert* und der Wettbewerb der Tätigkeiten seine *motivationsabträgliche Wirkung* nicht voll entfalten kann. [13]

Analysiert man weitere Motivationstheorien der Pädagogischen Psychologie, insbesondere die Zieltheorien und Willenstheorien, so bestätigen auch diese, dass in einer Zeit, die von Wertepluralität, Zielvielfalt und Komplexität geprägt ist, die Fähigkeit des Schülers zur Selbststeuerung und Handlungskontrolle besonderer Beachtung bedarf. [14]

2.2 Pädagogische Implikationen

Die Probleme des „Auseinanderklaffens" von jugendlichen Zielen und Werten einerseits und der schulischen Realität andererseits ist auf eine Werteveränderung in unserer Gesellschaft zurückzuführen, während diese jedoch gleichzeitig nicht auf einen entsprechenden Wandel in der schulischen Umwelt trifft. Aus diesem Grund müssen sowohl seitens der Schüler als auch seitens der Schule(n) bestimmte Maßnahmen ergriffen werden, um die pädagogischen Zielvorstellungen, nämlich die Heranbildung von Schülern, die in der Lage sind Leistungs- und Wohlbefindenswerte zu realisieren und voneinander unabhängige oder in einem negativen Verhältnis stehende Tätigkeiten zu koordinieren und ihre darauf bezogenen Handlungen selbstständig zu steuern, zu erreichen. [15]

---

[12] Vgl. Hofer, M., Fries, St., Jugendliche zwischen Schule und Freizeit, Stuttgart, 2005, S. 161
[13] Vgl. Hofer, M., Fries, St., Jugendliche zwischen Schule und Freizeit, Stuttgart, 2005, S. 163-164
[14] Vgl. Hofer, M., Schüler wollen für die Schule lernen, aber auch anderes tun, in: Zeitschrift für Pädagogische Psychologie, Ausgabe 18 (2), 2004, S. 84
[15] Vgl. Hofer, M., Schüler wollen für die Schule lernen, aber auch anderes tun, in: Zeitschrift für Pädagogische Psychologie, Ausgabe 18 (2), 2004, S. 88

Zum einen ist dies die bereits erwähnte Fähigkeit des Schülers, seine Ziele zu koordinieren, diese in eine Rangfolge zu bringen, entsprechende Tätigkeiten zu planen und soweit möglich zu sequenzieren, sowie schließlich die Durchführung und (begleitend oder nachfolgend) die Überwachung selbiger. Hier müssen die pädagogischen Umwelten, also in erster Linie Schule und Familie, förderliche Rahmenbedingungen schaffen und durch Strukturvorgaben Sicherheit vermitteln, wodurch das Ausblenden alternativer Handlungsoptionen am jeweiligen Ort und zum jeweiligen Zeitpunkt erleichtert wird. So ist ein heutzutage üblicher aber allzu liberaler Erziehungsstil zumeist eher hinderlich, während ein autoritativer Erziehungsstil, in dem *Wärme und Kontrolle kombiniert* werden, für die Persönlichkeitsentwicklung und das schulische Lernen förderlicher. Auch Schulen im Ganztagsbetrieb könnten eine solche Strukturierung schulischer und außerschulischer Aktivitäten leisten und es ermöglichen, *„Kindern und Jugendlichen einen äußeren Rahmen für sinnvolle strukturierte Tätigkeiten auch in der Freizeit zu bieten, wodurch Schule und Freizeit nicht als getrennte Kontexte erlebt werden."*[16]

Aus den vorangegangenen Ausführungen geht konsequenterweise hervor, dass insbesondere jene Schüler einer Lernförderung bedürfen, welche 1.) Wohlbefinden sehr hoch bewerten, 2.) deren außerschulische Tätigkeiten wenig äußerer Struktur unterliegen und 3.) die selbst nur schwer in der Lage sind, ihre verschiedenen Ziele zu koordinieren und sich entsprechend häufig motivationalen Handlungskonflikten ausgesetzt sehen. Ansatzpunkte finden sich hier bei der Förderung des Willens durch Willenstraining. So kann der Wille, eine bestimmte Tätigkeit infolge eines Abwägungsprozesses auszuführen, gestärkt werden, indem der Schüler selbst konkrete Ziele formuliert, diese hierarchisiert und hinsichtlich der Zielbindung stärkt. Bei der Fähigkeit Lernen zu planen kann ein Lerntagebuch hilfreich sein, das den Schüler bei der Selbstbeobachtung von Planungs-, Diagnose-, und Steuerungsprozessen unterstützt. Denn Motivation zur Handlungskontrolle entsteht vor allem, indem sich der Schüler die positiven Konsequenzen vorstellt, die das Lernen mit sich bringt.

---

[16] Hofer, M., Schüler wollen für die Schule lernen, aber auch anderes tun, in: Zeitschrift für Pädagogische Psychologie, Ausgabe 18 (2), 2004, S. 89

3. Reflexion(en)

In vielen Bereichen des Lebens lieferten mir persönliche Freiheit und Selbstbestimmung die Grundlage für Erfolge. Zu wissen, von welcher Qualität meine persönliche Motivation von damals war und was die ausschlaggebenden Gründe dafür waren, bietet mir als angehende Lehrkraft eine gute Handhabe im Umgang mit Schülern. Ich denke jedoch, dass eine Voraussetzung für die praktische Umsetzung der Selbstbestimmungstheorie in der Schule auch die Fähigkeit des Schülers ist, mit Freiheit umgehen zu können. Jugendliche aus einem stark konservativ geprägten Elternhaus, in dem es wenig Entscheidungsfreiheit gibt könnten in diesem Zusammenhang ein verkümmertes Gefühl für Selbstbestimmung aufweisen, was dazu führen kann, dass diese Schüler bei Wahlmöglichkeiten und selbstbestimmtem Lernen zunächst noch demotivierter sind als zuvor. Die Chancen der Selbstbestimmtheit müssten hier vorher begreifbar gemacht werden. Fügt man dieser Überlegung die Tatsache hinzu, dass es in den mittleren und vor Allem den niederen Schulformen praktisch kaum Wahlmöglichkeiten gibt, bekommt die Fähigkeit des Schülers, Schule und Freizeit miteinander vereinbaren zu können eine noch größere Wichtigkeit.

Als Lehrer kann ich einen Beitrag zur Entwicklung von Selbstbestimmtheit und entsprechend qualitativ hochwertiger Motivation leisten und somit zum späteren schulischen und beruflichen Erfolg des Schülers. Die hohe Erwartungshaltung der Gesellschaft kann dem Jugendlichen so genommen oder vermindert werden, indem er sich hier als kompetent erlebt. Hier habe ich als Lehrkraft großen Einfluss, Motivation zu fördern, sie in höhere qualitative Dimensionen zu erheben oder sie durch negative äußere Einflüsse und falschen Umgang zu zerstören. Dieser „Macht" und der entsprechenden Folgen muss ich mir im Umgang mit jungen Menschen daher stets bewusst sein. Nur dann kann ich meinem Erziehungsauftrag ebenso verantwortungsvoll nachkommen, wie meinem Bildungsauftrag.

Literaturverzeichnis:

- **Deci, E. L., Ryan, R. M.**, Die Selbstbestimmungstheorie der Motivation und ihre Bedeutung für die Pädagogik, in: Zeitschrift für Pädagogik, 39. Jahrgang, 1993, Ausgabe Nr. 2, Seiten 223-238

- **Hofer, M.**, Schüler wollen für die Schule lernen, aber auch anderes tun – Theorien der Lernmotivation in der Pädagogischen Psychologie, in: Zeitschrift für Pädagogische Psychologie, Ausgabe 18 (2), 2004, S. 79-92

- **Hofer, M., Fries, St.**, Jugendliche zwischen Schule und Freizeit, in: Schuster, B. H., Kuhn, H. P., Uhlendorff, H. (Hrsg.): Entwicklung in sozialen Beziehungen – Heranwachsende in ihrer Auseinandersetzung mit Familie, Freunden und Gesellschaft, Stuttgart, 2005, S. 151-167

- **Schiefele, U., Köller, O.**, Intrinsische und extrinsische Motivation, in: Rost, D.H. (Hrsg.): Handwörterbuch Pädagogische Psychologie, 2. Auflage, Weinheim, 2001, Seiten 304-310